AF252674

1.

10 centimes

LES RÊVERIES

DE

BOCQUILLON

EN VENTE

13, rue du Croissant, 13

PARIS

MAISON DE LA RUE DU PONT-NEUF

Rue du Pont-Neuf, 4, 4 bis, 6, 8, et rue Boucher, 1

A PARIS

HABILLEMENTS

POUR HOMMES ET ENFANTS

VÊTEMENTS SUR MESURE

VÊTEMENTS DE TRAVAIL

Chapellerie, Cordonnerie, Chemiserie, Bonneterie

Vêtements ecclésiastiques, uniformes, livrées, pensions.

La Maison N'EST PAS au coin du quai

LES VOILA!!!

Au moment où les mesures les plus dures et les plus sottes (M. Casimir Périer va sévir) viennent frapper la presse, et plus particulièrement la presse républicaine, il est un devoir auquel ne doit pas faillir un républicain, c'est de faire connaître au peuple, et par peuple j'entends tous les honnêtes citoyens, les hommes qui perdront la France et la République, ou qui, s'ils ne réussissent pas dans leurs desseins honteux, auront du moins tout fait pour la précipiter dans le gouffre béant qui s'ouvre sous nos pas.

C'est donc un devoir pour chacun de résister à ce courant fatal, et si une partie de la presse, salariée par les divers partis monarchiques qui aspirent à gouverner la France, ne recule pas devant la honte d'un tel forfait, il restera à ceux qui sacrifient leurs veilles à éclairer les populations, l'honneur d'avoir sauvé la société française.

N'est-ce pas la plus belle de toutes les gloires?

*
* *

On n'a pas oublié la condamnation à la peine de mort prononcée, par le conseil de guerre de Marseille, contre l'intendant Brissy; mais ce que l'on sait moins, c'est que le crime de Brissy est simplement d'avoir, au 5 septembre, su maintenir l'ordre à Marseille, quand le général Aurelles de Paladines, qui ne voulait pas accepter la révolution dite du mépris, balayait à coups de feu, et toujours au nom

de l'empereur, les populations qui accla-
maient la République.

Le vieux roi de la République française
serait, paraît-il, disposé à commuer en
dix ans de détention la peine de Brissy.
Mais M. Thiers, qui a toujours prétendu
qu'un gouvernement doit suivre le courant de l'opinion, ne l'oublie-t-il pas trop
en ce moment? — Car l'opinion publique
à Marseille, où se sont passés les faits, est
unanime à demander la grâce entière de
Brissy, et si le Président de la République
française veut être édifié, il n'a qu'à con-
sulter les municipalités, le conseil général
et les députés des Bouches-du-Rhône.

Du reste, si Brissy est coupable d'avoir
accepté de M. Labadié, préfet de la République à Marseille, des fonctions que ce
dernier n'avait pas le droit de lui confier,
M. Aurelles de Paladines est bien plus
coupable, puisqu'il a obtempéré aux ordres
ou désirs du même préfet et qu'il a déserté
son poste au moment où la situation deve-

naît, de par son fait, de plus en plus critique.

Ceci dit et le mal étant fait, je crois qu'il ne reste au Président de la Républi que qu'à occuper les loisirs de sa seconde jeunesse à le réparer.

M. Thiers, qui sait tant de choses, ne doit pas ignorer qu'une détention de dix ans est pour M. Brissy la mort en trois actes, et la balance de la justice doit rire sous cape en voyant condamner Aurelles de Paladines à exercer pendant quinze jours les fonctions de général en chef de la garde nationale de Paris, tandis qu'à Brissy on n'accorde, ô amère dérision ! que la mort à une heure indéterminée.

L'Inquisition n'opérait vraiment pas mieux.

*
* *

Champvans (Jura), 6 novembre 1871.

Monsieur Adolphe, *historien du premier Bonaparte et successeur du second.*

« En présence d'un abus qui, tous les jours, tend à s'affirmer davantage et qui froisse les susceptibilités des habitants de toute une commune, j'ai cru de mon devoir de bon citoyen de vous adresser la pétition suivante :

« Attendu que Jean-Chrysogone Guigue, actuellement préfet du département du Gard, a pris l'habitude de signer ses arrêtés préfectoraux G. de Champvans; qu'il y a dans cet acte une usurpation de titre qui peut entraîner la nullité desdits arrêtés;

« Attendu que ledit Jean-Chrysogone Guigue, préfet de la République française, chargé de veiller aux intérêts généraux ne devrait pas donner le mauvais exemple en

prenant un titre qui ne lui appartient
pas ;

« Ne voulant pas m'étendre davantage
et ne considérant Jean-Chrysogone que
comme fonctionnaire public, sans m'ar-
rêter aux questions de parti qui me pa-
raissent diriger tous les actes de ce monsieur, j'ai l'honneur de supplier le Président de la République française de vouloir
bien rappeler à l'ordre et à l'exécution de
son mandat, son préfet du Gard, persuadé
que tous les habitants de Champvans ou-
vriront toutes grandes au nommé Guigue,
les portes de la commune, le jour où il y
rentrera en simple citoyen.

« Signé : X. »

Habitant de Champvans, petite commune du
département du Jura.

J'ai cru devoir mettre sous les yeux des
lecteurs cette pétition qui me paraît fort
juste, et il est probable que M. Guigue, né
à Champvans, ne serait plus préfet du Gard

s'il n'était très-protégé par M. de Larcy, ministre des travaux publics, dont il sert avec zèle les intérêts légitimeux.

A ce satrape, du reste, tous les moyens sont bons, et après avoir empêché la vente dans le Gard des journaux républicains, il vient de s'entendre avec M. Blanchard, maire de Nismes, pour défendre au grand théâtre de représenter *la Péricholle*.

Une première représentation a eu lieu, à laquelle ces Messieurs assistaient avec tous les légitimards de l'endroit.

On a trouvé dans la pièce trop d'allusions blessantes pour la monarchie, dont ces Messieurs sont les dignes représentants : les vices des rois et des cours y sont étalés du reste dans toute leur nudité.

Aussi, le lendemain, le directeur recevait-il l'ordre de faire disparaître cette pièce de son répertoire.

Voilà ce qu'on appelle ne pas s'endormir, et ces actes arbitraires sont bien dignes des satellites de la monarchie.

A Paris, en pleine réaction et sous l'état de siége du grand Ladmirault, on ne ferait pas semblable sottise, et si M. Bertrand voulait reprendre *la Pericholle*, je doute qu'on l'en empêche.

* *

Il nous vient d'Angleterre que l'ahuri de Chislehurst se paye là-bas des petites revues comme pour n'en pas perdre l'habitude.

Le gouvernement anglais voudrait-il le charger de la réorganisation de son armée?

On peut le penser, en voyant que ce sont les jeunes gens de l'école royale militaire de Wolwich qu'on envoie défiler devant ce pître, dont ils reçoivent les encouragements et les félicitations.

C'est, paraît-il, en costume de général de division que le bandit corse veut leur apprendre l'art des capitulations.

Ah ! prenez garde, dame Angleterre, s'il allait remplir les dernières volontés de son oncle et frapper au cœur celle que l'homme d'Iéna et d'Austerlitz n'a jamais pu atteindre.

Mais une autre pensée m'accable que j'ose à peine écrire !

L'Angleterre, après nous avoir débarrassés du premier Bonaparte voudrait-elle nous ramener le second ?

Je n'y puis croire ; pourtant une escadre française vient d'être envoyée dans la Manche.

Ah ! Messieurs les Anglais, ce serait nous faire payer trop cher les quelques convois de vivres que vous nous avez envoyés après la capitulation de Paris.

LA VILLE ET L'ÉGLISE

Le Père Monjardel prêchera cet hiver à Notre-Dame ; mais d'autre part on nous assure que Madame de Metternich arrivera la semaine prochaine à Paris pour y réorganiser la vie de plaisirs qui semble trop délaissée.

L'abbé Moreau occupera la chaire de St-Eustache pendant que Strauss dirigera, quoiqu'on en ait dit, l'orchestre des bals masqués de l'Opéra.

L'abbé Roche trônera à St-Roch, tandis que M. Arsène Houssaye réunira chez lui la partie dévergondée et bonapartiste du macadam parisien.

Veuillot bourgeonnera et prêchera à l'Univers pendant que son confrère le Père Jouan fera ce qu'il pourra à la Trinité.

Les fidèles de Notre-Dame-des-Victoires (anciennes) entendront l'abbé Tournemine, tandis que leurs voisins entendront à midi le canon du Palais-Royal. On l'avait enlevé, paraît-il, en désarmant la garde nationale, mais, sur les vives instances de M. Ernest Picard et les rapports de M. Valentin, l'autorité militaire s'est laissée fléchir et va lui rendre le droit de partir tous les jours à midi.

A St-Germain-l'Auxerois, le Père Bayonne donnera le calme et la tranquillité aux âmes troublées des fidèles, tandis que M. Cogniard, au théâtre du Château-d'Eau, fera la joie des marmots.

A St-Sulpice, l'abbé Baron s'efforcera de faire les délices des fidèles, tandis que le bal Bullier ouvrira comme par le passé ses portes aux infidèles.

A la Madeleine, on fera le service funèbre des grands hommes qui se laisseront mourir, et on entendra de plus l'abbé Outhenin

Chalandre; les personnes qui ne seront pas satisfaites pourront passer outre et aller voir si on rebâtit l'Hippodrome.

(Recommandé). Une séance de l'assemblée à Versailles est encore une excellente récréation.

BOCQUILLONNADES

L'assemblée restera à Versailles ou viendra à Paris, je n'en sais rien ; mais j'incline à croire qu'elle fera une bêtise.

Néanmoins, s'il lui prend fantaisie de faire de Versailles un palais d'été, je l'engage fortement à faire surveiller Palikao.

On annonce une éclipse totale pour le 17 novembre ; elle sera en partie visible à Paris.

La lune entrera dans sa pénombre à 4 h. 50 du matin.

Cette éclipse n'a rien de commun avec celle du gros Plonplon, et n'influera en rien sur les décisions de l'assemblée nationale, se disant constituante.

*
* *

Le duc d'Aumale a loué 600 fr. par mois une loge au théâtre Français ; mais ce qu'il y a de plus curieux c'est qu'il a précisément choisi l'ancienne loge du duc de Morny, dite *la loge des Conspirateurs.*

Serait-ce un présage ?

Mais à propos de ce cher duc, les gazettes et autres feuilles de joie sont remplies de ses hauts faits.

Chasses par ci, chasses par là ; ses amis,

en attendant mieux, ne manquent jamais de le proclamer roi de la fête.

Espérons que la majorité des Français sera plus clairvoyante et renverra aux accessoires cet ancien débris du droit divin et de ses conséquences.

*
* *

La semaine dernière, Mlle Dosne a failli mourir de désespoir : M. Thiers a brisé quatre paires de lunettes, dont une en or..

Mais, heureusement, l'historien du premier empire a doucement rassuré sa sœur en lui affirmant que l'Assemblée ne se refuserait pas à voter les fonds nécessaires à la réparation de ces menus objets qui contribuent tant à faire le bonheur de la France.

*
* *

On me rapporte qu'un sourd-muet, arrêté lors des journées de mai, vient d'être rendu à la liberté après une prévention de cent trente-deux jours.

Ce malheureux était accusé d'avoir été un des plus fougueux orateurs du club *la Fraternité*. Le gendarme qui opéra son arrestation a du reste déclaré l'avoir pris sur une barricade, au moment où il criait à tue-tête : *Vive la Commune!* — Que de cas analogues vous trouverez encore sur les pontons !

Voyons, M. Thiers, finissez-en promptement par une bonne amnistie.

Votre popularité ne peut qu'y gagner.

SOUS PRESSE :

LE GRAND ALMANACH DE 1872

Par Bocquillon

LETTRE A BISMARCK

Par BOCQUILLON

SALLE VALENTINO

Réunion élégante

TOUS LES SOIRS BAL OU CONCERT

251, rue Saint-Honoré, 251

785 — Paris. Imp. H. Carion, rue Bonaparte. 64.